UN MOT

SUR

LOUIS DE BLOIS

ET

SES ŒUVRES,

Par le Docteur LE GLAY.

VALENCIENNES,
IMPRIMERIE DE E PRIGNET, RUE DE MONS, 9.
1855.

Mon seigneur, ie uoye vers vous, entant q̃ nr̃e monastere
de Liessies soustient pertes intolerables tãt en france cõme sur
la frontiere a cause de la guerre. Vous verres la verification
redigée par escript. Ie vous recõmande laffaire, et vous prie
vouloir assiter nr̃e eglise selon q̃ trouueres estre raisõnable.
Supplie ie monsr̃ au Createur, vous auoir en sa garde,
me recõmandãt humblemẽt en vr̃e bõne grace
De Liessies, le xxje iour en Decẽbre. 1557.

Vr̃e seruiteur,

Loys de Blois, idigne abbé de Liessies.

A monseigneur Carette
President des comptes a Lisle.

UN MOT SUR

LOUIS DE BLOIS

ET

SES OEUVRES.

———

S'il est deux hommes qui se ressemblent au point de vue moral et intellectuel, c'est assurément Louis de Blois et Fénelon. Je sais bien que dans le monde leur célébrité diffère grandement. Fénelon est connu partout et de tous. Ceux même qui n'ont jamais ouvert ses livres ne se font pas faute de l'exalter. L'auteur du *Télémaque* jouit d'une renommée populaire. Louis de Blois est loin d'avoir brillé d'un pareil éclat ; ses écrits ne sont lus et appréciés que dans le cercle assez restreint des amis de la littérature ascétique. D'ailleurs, comme il a presque toujours usé de la langue latine, on comprend que ses productions soient restées étrangères au commun des lecteurs.

Et nonobstant cette différence dans les situations, je persiste à croire qu'entre l'archevêque de Cambrai et l'abbé de Liessies, il existe une ressemblance frappante de caractère, d'esprit et de conduite.

Chez l'un comme chez l'autre, douceur constante et parfaite dignité de mœurs ; touchante égalité d'humeur dans les circonstances les plus diverses ; mesure sans effort et toute naturelle dans les démarches comme dans les paroles. Tous deux se sont peints au vif et au vrai dans leurs écrits qui ne sont, pour ainsi parler, que la saillie, que l'expression de leur âme. Portés l'un et l'autre à cette forme de piété tendre que l'on nomme mysticisme, ils ont laissé aux cœurs pieux, aux esprits contemplatifs des trésors de méditations, des sources intarissables où la dévotion la plus délicate et la plus expansive trouvera sans cesse à puiser.

Si Fénelon, au lieu de rencontrer à Liessies ce Lambert Bouillon qui lui donna des soucis de plus d'un genre, y avait vu Louis de Blois, ces deux hommes que rapprochaient tant de similitudes, se seraient liés d'une amitié étroite, et, mettant en commun les sentiments, les pensées dont ils étaient remplis, ils auraient sans nul doute produit ensemble une œuvre supérieure que chacun séparément n'a peut-être pas accomplie.

Il est un autre grand et saint personnage à qui Louis de Blois serait aussi fort digne d'être assimilé. C'est François de Sales, dont la vie pastorale s'écoula si pure, si exemplaire, dont les écrits sont d'ineffables monuments de grâce, de mansuétude apostolique ; mais voilà bien assez de comparaisons. Il ne faut pas abuser des prestiges du parallèle.

La piété ascétique, née dans les cloîtres, sous les auspices d'un élan multiple des âmes. a besoin toujours de communication et de rapprochement. C'est l'amour divin nourri, réchauffé, vivifié par l'union des cœurs.

L'article consacré à Louis de Blois (voyez *Blosius*) dans la *Biographie universelle* et signé T. D, (Tabaraud), est évidemment calqué sur celui du Dictionnaire de Feller (1). De part et d'autre, même brièveté, mêmes erreurs. L'abbaye de Liessies y prend le nom de *Liesses ;* l'historien Jacques Froye est métamorphosé en *Frojus.* Ce n'est point l'abbaye de *Tournay,* mais bien l'abbaye de Saint-Martin à Tournay que refusa L. de Blois. Essayons donc de dire quelque chose de plus complet et de plus satisfaisant sur ce personnage si recommandable.

François-Louis de Blois, fils d'Adrien de Blois, sire de Jumi-

---

(1) Dans une édition récente de Feller (Besançon 1848) on fait de Donstienne *le château de don Etienne.*

gny et de Catherine de Barbençon, naquit le 1er ou le 2 octobre
1506, à Donstienne en Hainaut, près de Thuin. Elevé parmi
les pages de l'archiduc Charles d'Autriche (depuis Charles-Quint),
il manifesta dès lors ses pieuses et chevaleresques inclinations.
Un jour le jeune page ayant reçu une blessure à la tête, le chi-
rurgien reconnut qu'il fallait pratiquer une incision ; mais il
hésitait sur la forme à lui donner. « Faites-la en manière de
» croix de Bourgogne, » s'écria l'enfant d'un air inspiré. Ce fut
à l'âge de quatorze ans, le 25 octobre 1520, qu'il prit l'habit
monastique à Liessies, après un an de noviciat. Envoyé par
son supérieur à Louvain pour y suivre ses études, il y était encore, lorsqu'en 1528, D. Gippus, abbé de Liessies, le demanda
et l'obtint en qualité de coadjuteur.

On pense bien que Louis de Blois n'accepta point de plein gré
ces fonctions qui impliquaient pour l'avenir celles d'abbé titulaire. Jean Meurisse, l'un de ses professeurs de Louvain, se
crut obligé de lui écrire pour le presser d'obtempérer enfin par
son adhésion au vœu de l'abbé et de tous les religieux. Sa
réponse, dont le texte latin nous a été conservé, est fort remar-
quable. On y voit une âme troublée tout à la fois par la neces-
sité d'obéir et par la crainte d'être au-dessous de la tâche qu'on
lui impose.

La bulle qui lui confère cette coadjutorerie porte la date du
20 novembre 1528.

Dom Gippus étant mort le 20 mars 1530, il fallait, aux termes
de la bulle et conformément aux usages, que L. de Blois devînt
abbé titulaire. Il fut donc inauguré le 12 juillet suivant.

Une maison où les intérêts à régir étaient si nombreux et si
variés, où le personnel était considérable et où la discipline lais-
sait beaucoup à désirer, voilà certes une charge bien lourde
pour les épaules d'un abbé de vingt-quatre ans! Et puis,
comment se livrer à des méditations de réforme, tandis que la
guerre, nouvellement rallumée entre François Ier et Charles-
Quint, portait à toute heure l'inquiétude et les ravages autour de
l'abbaye ?

Louis de Blois cependant ne cessait de mûrir ses projets d'a-
mélioration et de jeter sur le papier les idées qui lui semblaient

propres à faire revivre parmi ses moines l'esprit de la règle de saint Benoît.   Pour être moins distrait de ce labeur, il finit par se retirer au refuge que l'abbaye possédait en la ville d'Ath. Là, secondé par deux ou trois religieux choisis, il termina et mit sous presse le premier ouvrage qui soit sorti de sa plume et auquel il donna le titre (1): *Speculum monachorum a Dacryano, ordinis S. Benedicti abbate conscriptum, antehac nunquam excusum.* Lovanii, Barth. Gravius, 1538, in-8° (2).

---

(1) Le premier, c'est trop dire, L. de Blois, lorsqu'il était encore étudiant à Louvain, traduisit de grec en latin un curieux ouvrage de St.-Jean Chrysostome intitulé *Parallèle d'un roi et d'un moine.* Le traducteur dédia cette pièce, sous la date du 1ᵉʳ mai 1527, à son jeune ami Jean de Molembaix.   Cette traduction est insérée dans l'édition des *OEuvres complètes,* Anvers, 1632. p. 210-218.

(2) Cet ouvrage, réimprimé à Louvain, 1549, in-8°, a été traduit en français sous ce titre : *Le Directeur des âmes religieuses ,* composé en latin par *Louis Blosius,* de l'ordre de Saint-Benoît, et traduit en françois par M.*** *Paris , Fr. Babuty ,* 1726, in-18. Ce traducteur anonyme est *Louis Mambroux de la Nauze ,* ex-Jésuite, depuis associé de l'Académie des inscriptions et belles-lettres.

Outre les traductions de Jacques Froye dont il est parlé ci-après , il y a encore plusieurs versions françaises qui ont rendu populaires quelques-unes des œuvres de L. de Blois. Le P. *Brignon* a traduit du latin celle intitulée : *Instruction spirituelle et pensées consolantes pour les âmes affligées , timides ou scrupuleuses ,* Paris, 1706, in-12 ; souven réimprimée. — Le P. *Louis Lipsin ,* de l'ordre des frères mineurs, a traduit également les *Entretiens intérieurs* du vénérable Louis de Blois, parus à *Liège* en 1708, et dédiés à l'abbé de Liessies , *Agapet d'Ambrines;* réimprimés à *Valenciennes, Henry,* 1741, in-12, avec la dédicasse à Dom Augustin Fourdin, abbé de la même maison, et à *Namur,* en 1750, in-8°.

Ces *Entretiens* étaient la lecture habituelle de Charles-Quint retiré au couvent de Yuste, qui honorait L. de Blois au point d'avoir voulu le gratifier de l'évêché de Cambrai que l'humble prélat refusa. Philippe II. en mourant, recommanda à sa fille, l'infante Isabelle , de lire les Entretiens spirituels de Louis de Blois.

Nota. Ces indications précieuses sont dues à l'érudition et à l'amitié de M. Arthur Dinaux.

Ce pseudonyme, *Dacryanus,* sous lequel L. de Blois jugea à propos de se cacher, préoccupa les bibliophiles de l'époque. Il s'en trouva qui eurent le talent d'exhumer je ne sais quel Dacryanus ayant vécu, selon eux, sept ou huit siècles auparavant et auteur, à leur sens, du *Speculum monachorum,* ainsi que d'une lettre ascétique imprimée en même temps et sous le même nom. Au premier rang de ces habiles critiques il faut citer Marguerin de la Bigne et Antoine Possevin. Ils n'ont pas remarqué, tout hellénistes qu'ils sont l'un et l'autre, que ce mot *Dacryanus,* formé du grec Δακρυω (je pleure), fait allusion aux armes que versait L. de Blois, en considérant le triste état de l'abbaye de Liessies et son insuffisance pour y remédier.

Le séjour du vigilant abbé en ce refuge d'Ath lui inspira la pensée d'y transférer son monastère qui, à Liessies, était sans cesse exposé aux agressions des gens de guerre. Il lui sembla en outre que ce changement lui fournirait une occasion toute naturelle de rétablir enfin la règle de Saint Benoît dans sa rigueur primitive. Les trois religieux qui l'avaient suivi au refuge d'Ath partageaient ces pensées de réforme ; mais il n'en était pas de même chez les moines restés à Liessies. La plupart d'entre eux s'effarouchèrent à ces mots de discipline et d'autorité. Il y avait là quelques religieux accidentels qui, chassés de leur demeure par les maux de la guerre, s'étaient fait admettre dans l'abbaye, bien moins par vocation que pour y jouir d'une retraite honorable et commode. Ceux-là surtout se récrièrent contre les prétentions du rigide supérieur. Il se trouva même dans le pays un certain prédicateur qui osa déclamer en chaire contre Louis de Blois et ses projets de plus stricte observance. L'imprudent orateur encourut la censure, mais ne se corrigea point. Des hommes apostés par lui vinrent nuitamment dévaster les abords de la maison d'Ath où ils causèrent de grands dommages.

Les moines demeurés à Liessies, informés des projets de leur abbé touchant la translation du monastère, adressèrent à l'empereur Charles-Quint une requête où ils protestaient contre le transfert en question. L'empereur prêta l'oreille à cette supplique, ordonna à Louis de Blois de retourner au chef-lieu de sa juridiction abbatiale et l'invita à mitiger ses plans de réforme. A ce message inattendu, l'abbé ne put qu'obéir ; il retourna donc à Liessies.— Puis ayant pris conseil de quelques personnages graves et prudents, il modifia ses statuts dans le sens d'une.

indulgente modération ; et il n'eut pas lieu de le regretter. Dès lors la maison se remit sans effort et comme d'elle-même sous une discipline constante pour ne plus jamais s'en affranchir.

Dès l'année suivante, notre abbé publia *Canon vitæ spiritualis* qui eut en 1546 une édition nouvelle avec quelques pieux, opuscules réunis sous le titre : *Paradisus animæ fidelis*.

Il parait que ces petits traités, où se révèle le tendre et affectueux caractère de l'auteur, eurent immédiatement un beau succès, puisque, dès l'an 1549, il fallut les réimprimer avec d'autres productions plus récentes.

L. de Blois, suivant le goût de son époque, aimait à qualifier ses œuvres de titres plus ou moins grecs qui nous semblent aujourd'hui tant soit peu empreints d'affectation ou même de pédantisme. Ainsi, parmi les traités publiés en 1549, nous trouvons le *Collyzium hæreticorum* avec une petite préface où le bon abbé énumère ainsi ce qu'il a déjà écrit et mis au jour :

« Encore adolescent, nous avons traduit du grec en latin le
» petit livre de Saint Chrysostôme *Comparaison du roi avec le*
» *moine*. Puis nous avons fait la *Règle de la vie spirituelle*, le
» *Trésor des prières*, l'*Enchiridion des enfants*, la *Psychagogie*
» extraite de Saint Augustin et de Saint Grégoire, puis enfin ce
» *Collyre des hérétiques*. Puissent ces œuvres imparfaites et sans
» beauté tourner à la gloire de Dieu ! Nous les soumettons de
» grand cœur au jugement de l'Eglise et à la correction des
» orthodoxes. » (2).

---

(3) *Edidimus autem ista : in adolescenstia vertimus è græco libellum Divi Johannis Chrysostomi, in quo rex cum vero monacho comparatur. Postea diversis temporibus scripsimus Canonem vitæ spiritualis, Cimeliarchion precularum, Enchiridion parvulorum, Psychagogiam ex Augustino et Gregorio, beatissimis pontificibus, collectam, ac postremò illud Collyrium. Quæ opuscula nostra incompta et invenusta ut in æternam gloriam Dei cedant, vehementer optamus : atque ea judicio Ecclesiæ apostolico correctionique Patrum orthodoxorum libenter submittimus.*

Dès lors ses publications se succédèrent à de courts intervalles.
Indiquons-les succinctement :

1° *Institutio spiritualis,* in-8₀ 1551.

2° *Brevis regula tyronis spiritualis,* in-16, 1553.

3° *Consolatio pusillanimium,* in-12, 1555.

4° *Margaritum spirituale,* in-8°, 1555.

5° *Conclave animæ fidelis,* 1558 et 1564.

6° *Facula illuminandis hæreticis,* in-12, 1562.

Cette *lanterne* pour éclairer les hérétiques est, à ce qu'il semble, le dernier opuscule que L. de Blois ait fait imprimer.

Les dernières années de sa vie furent consacrées à des soins différents.

Mais de son vivant d'autres veillaient à la propagation de ses utiles écrits. Jacques Froye (4), religieux de Liessies, depuis abbé de Hasnon, composa en 1561 et publia en 1563 sous le titre : *Cabinet de l'âme fidèle*, une traduction des principaux ouvrages du célèbre abbé. Ce livre dédié, sous la date du 28 novembre 1561, à Marguerite Hinkaert, abbesse de Maubeuge, comprend le *Miroir*, la *Bague*, le *Coffret*, (*Speculum, Monile, Scriniolum spirituale*.) Il a eu au moins trois éditions, 1563, 1596, 1607.

Quand L. de Blois, averti par l'âge et les maladies, sentit que sa fin n'était plus éloignée, il voulut plus que jamais se concentrer, pour ainsi dire, dans les devoirs et les vertus de sa charge abbatiale.

Les nouveautés séditieuses de Calvin agitaient alors le pays. L'abbé de Liessies se présenta comme l'un des premiers défenseurs de la foi catholique, mais défenseur paisible et charitable.

---

(4) M. Arthur Dinaux a inséré une bonne et belle notice dans les *Archives du Nord*, nouv. série, t. IV, p. 168, sur Jacques Froye qui devint abbé d'Hasnon et mourut en 1586.

Les deux mémoires qu'il composa à cet effet, *Collyrium* et *Facula,*
ne sont pas des pamphlets acrimonieux, comme il en parut tant
à cette époque. Ce sont des allocutions toutes paternelles. Si la
discussion y est forte et serrée, les termes en sont toujours pleins
de modération et de sagesse.

Le zèle éclairé, efficace de L. de Blois fut bientôt connu au loin
et même à la cour de Bruxelles où siégeait Marie, reine de
Hongrie, gouvernante des Pays-Bas. Aussi cette princesse en-
voya-t-elle à Liessies plusieurs partisans des idées nouvelles,
qu'elle voulait tout à la fois mettre en prison honorable et en
tourer de salutaires conseils. Entre ces détenus confiés à l'hos-
pitalité monastique, il en est un dont il faut dire un mot ici,
bien que par motif de discrétion, l'annaliste de l'abbaye ait omis
d'en décliner le nom. Ce gentilhomme, arrivé à Liessies tout
imbu des doctrines calvinistes, écouta L. de Blois, prit goût à
ses raisonnements, fut charmé de ses bons procédés et finit par
devenir meilleur catholique que jamais. Voici à peu près en
quels termes l'abbé écrivit à la reine au sujet de son hôte. Nous
traduisons :

« Madame, l'extrême pitié que je ressens pour sire N. relégué
» par vos ordres en notre maison de Liessies me fait prendre la
» liberté de vous adresser cette lettre. Ce personnage me paraît
» doué d'un noble caractère et de mœurs respectables. Il se
» montre soumis en tout. Quant à ce qui touche notre foi
» catholique, il y est maintenant plus ferme que s'il n'avait
» point faibli. J'estime donc qu'avec la grâce de Dieu, il n'y a
» plus pour lui péril de chûte. Il déplore ses erreurs par ses
» discours et les désavoue sans cesse par sa manière d'être.
» Tous les jours il assiste pieusement à nos saints offices ; et il
» s'exprime de la façon la plus orthodoxe à l'égard des sacre-
» ments, des constitutions et des cérémonies de la Sainte-Eglise.
» Si donc, V. M., dans sa haute clémence, daignait lui rendre la
» liberté, je pense qu'elle n'aurait jamais lieu de s'en repentir.
» Durant les sept mois qu'il vient de passer ici, je l'ai constam-
» ment trouvé sincère et ennemi de la feinte, bien qu'il confesse
» avoir jadis usé de dissimulation pour cacher ses croyances
» erronées. Il reconnaît avoir commis une faute grave, séduit
» qu'il fut par l'influence de quelques malveillants ; mais il l'a
» bien rachetée par la honte et les soucis de la captivité qui lui
» ont fait éprouver les angoisses de la mort. Jamais du reste il ne

» m'a prié d'agir ou d'écrire en sa faveur : mais je le trouve
» abattu et accablé d'une tristesse si profonde que parfois je crains
» pour lui un funeste désespoir, si bientôt il ne lui arrive sou-
» lagement. J'ose donc supplier V. M. de lui permettre de
» sortir un peu du monastère, à titre de récréation, sauf à ne
» jamais l'y autoriser pour la nuit. Si cette grâce lui est faite,
» le malheureux verra bien qu'on ne veut pas le faire mourir à
» la peine ; et il n'en sera que plus fervent à réaliser ses
» louables iutentions.   Je prie Dieu, etc.

Liessies, 7 août 1560. »

Cette lettre valut au prisonnier, non-seulement la liberté, mais
même le recouvrement de ses anciens honneurs et emplois.
Rendu à sa famille redevenue catholique comme lui, il ne cessait d'y proclamer le nom de L. de Blois qu'il appelait un homme
céleste et dont la figure resplendissante lui apparaissait, disait-il,
toutes les nuits.

Mais cette belle vie allait bientôt s'éteindre. L. de Blois, après
avoir assisté à Cambrai au concile provincial de 1565, était
revenu à Liessies, où il partageait ses soins entre l'administra-
tion du monastère et l'espèce de lutte qu'il fallait soutenir contre les huguenots, briseurs d'images, dévastateurs des couvents.
Un jour visitant des maçons qui dressaient un échafaudage pour
une construction nouvelle, il se heurta violemment la jambe
contre une poutre étendue à terre. La petite blessure qui s'en
suivit lui donna une fièvre lente que rien ne put guérir, pas
même la science d'un médecin célèbre que lui envoya son ami,
dom Lentailleur, abbé d'Auchin. Cet état inquiétant durait depuis plus de trois mois, lorsque, le 1ᵉʳ janvier 1566, le malade
voulut recevoir l'extrême-onction. Après quoi, recueillant des
forces, il prit la parole et fit à ses religieux éplorés les adieux les
plus tendres et les plus consolateurs. On a conservé cette touchante allocution.

L. de Blois cessa de vivre le 7 janvier 1566, après quarante-
cinq ans de profession monastique et trente-cinq ans de pré-
lature.

Les hommages funèbres n'ont pas manqué à sa mémoire.

Il était mort à peine depuis trois jours que l'archevêque de
Cambrai, Max. de Berghes, adressait aux moines de Liessies une

lettre pleine de regrets affectueux fondés sur les hautes qualités
du défunt.

Le P. Etienne Binet jésuite, auteur d'un livre intitule : *Abrégé
des vies des principaux fondateurs des maisons religieuses de l'égli-
se, représentés dans le cœur de l'abbaye de St.-Lambert de Liessie
en Haynault*, in-4°, Anvers. 1634, dit que notre modeste abbé
voulait pour tout mausolée un simple carreau de marbre avec
ces mots : 1565, *Louis de Blois, abbé* 34. Mais Foppens, *Biblioth.
Belg.*, ajoute que l'archevêque Vander Burch désira pour un
homme si saint un tombeau moins pauvre ; et le 15 juin 1631,
on transféra les cendres de l'humble lieu qu'il avait choisi, à
l'entrée du chœur, près de la porte dorée, où un beau sépulcre
lui fut élevé avec une inscription conçue en ces termes :

D. O. M.
R. D. Ludovico Blosio
Hujus monasterii abbatis XXXIV
Nobili Blesentium sanguine
Religiosa vita
Asceticis libris,
Monasticœ disciplinœ restauratione
Domi forisque clarissimo,
Cum annis a morte LXV.
Sub vicino sepulchri sui lapillo jacuisset,
Antonius abbas XXXVII.
Monachique Lœtienses
Dulcissimo patri suo
Translatis huc
Venerandis ejus ossibus,
Ac honorificentiùs reconditis
Piœ gratitudinis
Et venerationis ergo
Æternœ posterorum memoriœ
Hoc monumentum
Anno salutis MDCXXXI
Posuerunt.
Rexit annis XXXV. Vixit LIX.

Cette vénérable sépulture fut violée comme toutes les autres
en 1793. M. Auguste Lebeau, auteur d'un poème intitulé : *Aux
ruines de l'abbaye de Liessies*, (voyez Archives du Nord, nouv. serie

I, 485), dit dans une note que Michel Dahiez, ancien chanoine de Saint-Aubert de Cambrai, se trouvant sur les lieux lors de la dispersion des tombeaux, parvint à se saisir de la tête de Louis de Blois et la fit incruster entre deux pierres de son habitation à Liessies. On ne sait ce qu'est devenue cette précieuse relique.

La poésie aussi lui paya son tribut immédiat. Pierre Campson (*Philicinus*), doyen de Binch, auteur de quelques tragédies latines, publia à cette occasion une élégie gracieusement mélancolique (5).

J. Froye, dont il a été parlé ci-dessus, le célébra encore plus dignement en se hâtant de donner une édition de ses œuvres complètes, qui parut à Louvain, in-folio. Jean Bogard, 1558. L'épitre dédicatoire, datée du 2 juillet 1566, et adressée à l'archevêque de Cambrai, contient un large et bel éloge de L. de Blois.

Mais de toutes les éditions successivement publiées, à Cologne, à Paris, à Vienne, aucune n'est comparable à celle qui fut donnée par Antoine de Winghe, in-folio, 820 pages, plus 37 feuillets de tables, Anvers, Plantin, 1632. Ce riche volume mérite une brève description.

En tête du livre, un beau frontispice gravé, au milieu duquel se détache un livre ouvert portant ce titre: *Venerabilis Patris D. Ludovici Blosii monasterii Lœtiensis ordinis S. Benedicti in Hannonia abbatis opera, curá et studio R. D. Antonii de Winghe abbatis et monachorum ejusdem monasterii cruta, ornata, illustrata.*

---

(5) Plus tard, Aubert le Mire fit les quatre vers suivants où Louis de Blois est assimilé à St-Bernard et à St-François d'Assise :

>   Gallia Bernardo, Francisco Roma triumphat ·
>   Bœtica non unum tollit in astra virum.
>   Relligionis opes magno non invidet orbi
>   Quas habet in Blosio Lætia læta suo.

Ces vers ont été inscrits au bas du portrait de Louis de Blois qui figure dans la collection des illustres écrivains de la Gaule-Belgique publiée par Théodore Galle, à Anvers, en 1607 et 1608, in-4º.

Vient ensuite, sous forme de lettre à Ant. de Winghe, une longue et flatteuse approbation de la Faculté théologique de Cologne, puis des témoignages pareils des Facultés d'Ingolstadt et de Douai.

Les préliminaires proprement dits contiennent :

1° *Abbatis et monachorum Lœtiensium ad pium et amicum lectorem prœvia allocutio,* en sept articles qui offrent des détails curieux sur la série des œuvres de l'auteur.

2° *Vita venerabilis D. Lud. Blosii....... concinnata a quodam S. theologix doctore.* Cette biographie se compose de vingt-huit chapitres, aussi remarquables par l'élégante clarté et la douce harmonie du style que sous le rapport des documents historiques.

3° *Elogia veterum illustrium..... de vita et scriptis Lud. Blosii.* Ces témoins illustres qui rendent hommage à notre abbé sont au nombre de trente environ, parmi lesquels je vois des têtes couronnées et des princes tels que Charles-Quint, Philippe II son fils, l'infante Isabelle. des saints, tels que François de Sales, Ignace de Loyola, Louis de Gonzague, puis des prélats, des écrivains fameux, des historiens renommés (6).

Les œuvres de L. de Blois sont divisées en dix sections. Elles ont toutes le caractère ascétique, excepté la dernière section qui est polémique. c'est-à-dire composée d'opuscules pour la défense de la foi contre les novateurs du temps.

Le dernier de ces petits traités est une lettre que L. de Blois adresse à une de ses parentes professant le calvinisme. A. de Winghe, au lieu de nous en donner le texte français, tel qu'il a été rédigé par l'auteur, a cru devoir y substituer une traduction latine de sa façon. Il a eu tort, à notre avis. La latinité de dom de Winghe, toute châtiée et fleurie qu'elle est, ne vaut pas le vieux français du saint abbé J'ai vainement recherché dans nos archives ce texte original.

---

(6) A ces éminents suffrages il serait facile d'en ajouter de plus modernes et non moins glorieux. Ceux de Bossuet et de Fénélon, par exemple.

L   de Blois, qui débuta modestement par une traduction mérita bien ensuite d'être traduit à son tour. Or ce complément de succès ne lui a point fait défaut. On conçoit que tout d'abord ce fut pour le lecteur français qu'on vulgarisa les traités latins les plus renommés et les plus utiles. Ainsi, outre J. Froye dont nous avons mentionné ci-dessus le *Cabinet de l'âme fidèle*, il faut nommer encore parmi nos traducteurs nationaux, Nicolas Yvelin, théologien d'Evreux, à qui on doit une version du *Speculum monachorum*, et le P. Gérard, jésuite (7) qui donna celle du *Consolatio pusillanimium*. Il a trouvé aussi des interprètes en Allemagne, aux Pays-Bas, en Espagne, en Italie, en Angleterre (8). Il serait trop long d'énumérer ici ces textes étrangers. Mais on nous permettra de dire que les Archives départementales du Nord, fonds de Liessies, possèdent certaines versions flamandes inédites qui mériteraient peut-être quelqu'attention. Nous avons encore sous les yeux une traduction anglaise manuscrite de la vie de Ste.·Mechtilde, tirée des œuvres de notre abbé.

Nota. — M, Victor Gœthals a publié en 1842, dans le *Trésor national* de Belgique, une notice sur Louis de Blois.

----

(7) Le *Directeur des âmes religieuses*, par L. de La Nauze, in-18, Paris, 1726, est aussi une traduction du *Speculum monachorum*, comme il a été dit ci-dessus.

(8) Habent et istam laudem hæc opera — quod variis variarum gentium linguis, germanica, belgica, hispanica, gallica, anglica, translata sint. *Prævia allocutio* XIX, édit. 1632.

www.ingramcontent.com/pod-product-compliance
Lightning Source LLC
Chambersburg PA
CBHW061204050726

47594CB00008B/3557